Faits cocasses
Charades

Illustrations :
Dominique Pelletier

Compilation :
Julie Lavoie

Éditions
SCHOLASTIC

100 blagues! Et plus…
N° 28
© Éditions Scholastic, 2011
Tous droits réservés
Dépôt légal : 4e trimestre 2011

ISBN 978-1-4431-1173-7

6 5 4 3 2 Imprimé au Canada 140 13 14 15 16 17

Éditions Scholastic
604, rue King Ouest
Toronto (Ontario)
M5V 1E1
www.scholastic.ca/editions

Aux Philippines, il est interdit de se moquer de l'hymne national. C'est la loi! Les contrevenants sont passibles de deux ans de prison!

3

Mon premier est au milieu de
ton crayon.

Mon second dure 60 minutes.

Mon tout travaille
généralement sous terre.

 Sébastien a mal aux dents.
Sa mère l'amène chez le dentiste.

 - Mon pauvre garçon, dit le
dentiste, tu as dix caries! Tu ne
prends pas soin de tes dents...

 - Monsieur, comment je vais m'en
sortir? demande Sébastien.

 - Par la porte, comme tout le
monde!

Pour changer son image, Justin Bieber s'est fait couper les cheveux au début de l'année 2011. Une mèche a été vendue sur le site E-Bay pour la somme de 40 000 $, qui a été remise à un organisme de charité.

Mon premier se trouve entre
ta main et ton corps.

Mon second est le petit de la vache.

Mon tout se dit pour féliciter
une personne.

- Connaissez-vous l'histoire du
chauffeur d'autobus?
- Non.
- Et bien moi non plus! J'étais
assis à l'arrière.

Au Moyen Âge, on croyait que se laver avec de l'eau augmentait les risques d'attraper des maladies. Les gens se parfumaient pour se protéger des maladies.

Mon premier sert d'appât
pour pêcher.

Mon second est une grande
soirée dansante.

Mon tout n'est pas écrit.

C'est le dernier match de la finale de la coupe Stanley. Pierre note que le siège le séparant de sa voisine est vide. Il se penche vers celle-ci et lui demande :

- Vous attendez quelqu'un?

- Non, lui répond la femme. Le siège est vide.

- Incroyable! Avoir une si bonne place et manquer la finale de la coupe Stanley! Qui peut être assez idiot...

- Ce siège est le mien, interrompt la femme. C'est la première finale que mon mari manque en plus de 30 ans de mariage. Le pauvre vient de mourir.

- Mes excuses, madame. Je suis désolé... Mais quelqu'un d'autre aurait pu vous accompagner... Un ami, un membre de la famille...

- Impossible. Ils sont tous aux funérailles...

Une femme appelle ses chiens :

- Sam! Pic! Venez ici! Sam! Pic! Venez!

- Si ça vous pique, grattez-vous, madame! dit un passant.

Une mouche dit à son ami :

- Dis donc, tu en as mis du temps avant de revenir de vacances.

- C'est que j'ai décidé de prendre l'avion.

- Tu n'es qu'une fainéante!

Aux États-Unis, dans l'État du Tennessee, les policiers n'ont eu aucune difficulté à retrouver un homme qui avait volé un jean dans un magasin. Le voleur avait oublié son portefeuille dans la poche de son vieux pantalon, qu'il avait laissé dans la cabine d'essayage...

La saison de soccer tire à sa fin. Colette joue dans la même équipe depuis trois ans. Elle n'est pas une étoile, mais son petit ami, André, l'encourage à continuer. Il ne manque d'ailleurs aucune partie.

- Bravo, Colette! Bravo! Tu l'as! Tu l'as! Continue! hurle-t-il du haut des gradins en applaudissant.

Le sifflet de l'arbitre retentit, indiquant la fin de la partie, mais André continue de crier et d'applaudir. La nouvelle entraîneuse de l'équipe se dirige vers Colette :

- Pourquoi ce jeune homme n'arrête-t-il pas de crier ton nom? Tu as touché le ballon une seule fois pendant toute la partie...

- Oui... Mais c'est la première fois que je le touche cette année...

De nos jours, tout est possible!
Produire soi-même de l'énergie pour
alimenter son téléphone simplement
en marchant ou en courant! Porter
des panneaux solaires sur son
chandail ou une mini-éolienne
sur son chapeau...

On croit que les gauchers
transpirent plus du côté droit, et
inversement pour les droitiers.

SLURP!

Une chienne de race boxer du Michigan avait la langue bien pendue... dans le sens propre du terme! La pauvre avait la langue si longue qu'elle ne tenait pas dans sa bouche. Elle mesurait plus de 40 cm!

Un homme vient de s'acheter une superbe voiture neuve.

- Tu n'as pas peur de laisser ta voiture neuve dans la rue? lui demande son voisin. Il paraît que plusieurs personnes se sont fait voler leur radio ces derniers jours.

- Je pense que j'ai une bonne idée... dit l'homme en s'éloignant.

Près de sa voiture, il place une pancarte sur laquelle il a écrit :

« Cette voiture n'a pas de radio. » Fier de son idée, il rentre se coucher. Le lendemain matin, sa voiture a disparu! Sur la pancarte, on a écrit : « Ne vous en faites pas pour la radio, il sera facile d'en trouver une... ».

Mon premier devient liquide
lorsqu'une chandelle est allumée.

Mon second change chaque année à
ton anniversaire.

Mon tout s'applique sur les chaussures.

L'enseignante pose un problème à
ses élèves :

- Vous préparez du chocolat chaud
avec des guimauves pour trois
personnes. Si vous avez 16 guimauves
et que vous vouliez en mettre six dans
chaque tasse, que devrez-vous faire?

- Il faudra demander à maman d'en
acheter un autre sac! lance Vincent.

Vincent, 7 ans
Toronto, Ontario

Élodie descend de son vélo et commence à se gratter la tête en passant ses petits doigts dans les trous de son casque.

- Si ça te pique tant que ça, tu devrais enlever ton casque, suggère Noah.

- Toi, est-ce que tu enlèves ton pantalon quand tu veux te gratter le derrière?

VRAI OU FOU?

1- Une bigleuse est une personne
en colère.

2- Un mitron est un insecte
minuscule qui vit sous les ongles
malpropres des humains.

3- Une personne pétulante est une
personne qui a beaucoup de gaz...

Lorsqu'elles reviennent à la ruche, les abeilles font une danse pour indiquer aux autres ouvrières où se trouvent les fleurs.

Un papa donne 10 dollars en pièces de monnaie à un de ses fils.

- N'oublie pas de partager avec ta petite sœur. Combien vas-tu lui donner?

- Je vais lui donner un dollar…

- Comment ça un dollar! Ce n'est pas la moitié! Tu ne sais pas compter?

- Moi je sais compter, mais elle ne sait pas!

Gaston et Georges essaient une voiture d'occasion avant de l'acheter. Georges sait conduire, mais il n'a pas de bons yeux; Gaston, lui, voit très bien, mais il ne sait pas conduire. Georges s'installe donc au volant et démarre. Quelques minutes plus tard, il annonce à Gaston :

- Gaston, j'ai une mauvaise nouvelle à t'annoncer : la voiture n'a pas de freins! On est finis!

- Ce n'est pas grave, mon vieux! Regarde, c'est écrit ARRÊT en bas de la côte...

Avec ses fleurs d'un mètre de profondeur, la sarracénie, une plante carnivore, peut manger des grenouilles!

- Combien ça pèse un pet?
demande Sylvie à son amie.

- C'est de l'air, alors ça ne
pèse rien.

- Es-tu certaine, parce que
le mien, il pèse très lourd...

Mon premier est une lettre
qui indique le pluriel.

Mon second est synonyme
de direction.

Mon tout est utilisé comme
carburant pour faire
fonctionner les moteurs.

Allergique au pollen? Ne t'installe surtout pas sous un bouleau pour pique-niquer... Chaque fleur de l'arbre, qu'on appelle chaton, peut produire jusqu'à 5 millions de grains de pollen!

Avant la boule de cristal...
Dans l'Antiquité, les Grecs croyaient
pouvoir lire le futur en observant les
entrailles d'un oiseau mort...

Mon premier est la 26e lettre de l'alphabet en commençant par la fin.

Mon deuxième est la partie de ton corps où se trouvent la plupart de tes vertèbres.

Mon troisième sert à la fabrication du fromage.

Il y a cinq de mon quatrième, dont l'ouïe et l'odorat.

Mon tout est une période de la vie.

Annie entre dans un magasin
de jouets et choisit une corde
à sauter avant de se rendre à
la caisse pour payer.

- Avec ça? demande le caissier.

- Avec ça, monsieur, je vais
sauter à la corde. Quelle question!

- Non, je te demandais si tu
voulais autre chose...

- Ah, ça oui! Je veux la grosse
boîte de cubes là-bas, celle sur
la tablette au fond du magasin.
Ma mère ne me croira jamais!
Ce serait gentil d'écrire sur un
petit bout de papier que vous
me l'avez donnée...

Philippe arrive au travail avec un pansement sur chaque oreille.

- Tu as bien mauvaise mine! Pourquoi as-tu des pansements sur les oreilles?

- J'étais en train de repasser ma chemise. Le téléphone a sonné et je me suis trompé... J'ai répondu avec le fer plutôt qu'avec le téléphone. Je sais... c'est idiot, admet Philippe.

- Mais pourquoi as-tu aussi un pansement sur l'autre oreille?

- L'autre, je l'ai brûlée en essayant d'appeler l'ambulance...

On dit qu'il y aurait environ
25 000 espèces d'insectes
rien qu'au Québec.

Connais-tu le « démon blond »?
Son vrai nom est Guy Lafleur!

Une femme arrive à la réception d'un petit hôtel et demande :

- J'ai besoin d'un bon lit pour une seule nuit, monsieur.

- Ça vous coûtera 100 $, madame, mais si vous m'aidez à faire le lit, ce sera seulement 50 $.

- C'est une aubaine! Bien entendu, je vais vous aider à faire le lit!

- Attendez-moi une minute. Je vais chercher le bois et les clous...

Mon premier règne sur son royaume.

Mon deuxième est une syllabe du mot râteler qui n'est pas dans rappeler.

Mon troisième est le contraire de beau.

Mon tout est un oiseau.

- Quel âge as-tu? demande Sophie à Max.

- Hier, j'avais 4 ans, mais aujourd'hui, je ne sais pas... Tourne-toi pendant que je regarde l'étiquette de mon pantalon...

Un vieux couple discute :

- Tu sais, quand je serai parti, dit l'homme, tu ne pourras pas trouver un autre homme comme moi...

- Qu'est-ce qui te fait penser que je voudrai un autre homme comme toi?

- C'est ton anniversaire! dit une mère à son fils. Je vais te faire un gros gâteau avec 10 chandelles dessus.

- Maman, j'aimerais beaucoup mieux que tu fasses le contraire. Dix gâteaux avec une chandelle...

Votre chien a le pied marin?
Initiez-le au surf! Chaque année,
en Californie, se tient une épreuve
de surf pour chiens.

Mon premier est un adjectif possessif féminin.

Mon deuxième est un grand pays d'Asie très peuplé.

Mon troisième fait le contraire de pleurer.

Mon tout permet d'accomplir beaucoup de travail.

En classe, l'enseignante demande à Émilie :

- Peux-tu me dire par quoi commence le printemps?

- C'est évident, madame, par la lettre « p »!

Un cactus demande à un autre cactus :

- Connais-tu le langage des humains?

- Oh oui! C'est très simple, ils disent toujours : « Aïe! Aïe! Aïe! »

- Je pars pour Milan, dit Sophie à Alexandre.

- Pour mille ans! C'est beaucoup trop long. Je ne pourrai pas t'attendre si longtemps...

QUE SE DISENT DEUX CHATS AMOUREUX?

RÉPONSE : ON EST FÉLIN POUR L'AUTRE.

Mon premier est le cinquième
mois de l'année.

Mon deuxième est une céréale
prisée en Asie.

Mon troisième se mesure avec
un chronomètre.

Mon tout reçoit parfois une
récompense.

Un policier arrête une voiture.

— À combien rouliez-vous?
demande-t-t-il à la conductrice.

— Nous sommes déjà six, mais si
vous voulez monter, on peut se
tasser un peu...

Une jeune fille a rendu son devoir de géométrie en retard sans compter qu'il n'était pas terminé... Pour lui donner une bonne leçon, son enseignante envoie une note à ses parents et lui donne un devoir supplémentaire.

- Maman, j'ai besoin d'une règle pour faire mon travail de géométrie. Tu en as une?

- J'ai même deux règles! répond sa mère.

La première : tu fais tes devoirs tout de suite.

La seconde : tu les remets demain matin.

Alyssa
Ottawa, Ontario

Un couple de Belgique a eu toute une surprise en rentrant de vacances! Un jeune homme vivait dans leur maison depuis quelques jours. Il y était entré dans le but de la cambrioler, mais il a tellement aimé l'endroit qu'il y est resté! Il a même invité quelques amis afin de jouer à des jeux vidéo!

41

La fatigue extrême selon Sophie...
Quand tu ronfles tellement fort
que tu te réveilles toi-même...

Sophie
Toronto, Ontario

Un père rencontre l'enseignante de son fils :

- Pourquoi avez-vous mis un 0 à mon fils? demande-t-il.

- J'aurais bien voulu lui donner moins, mais c'était impossible...

COMMENT APPELLE-T-ON UN CHIEN QUI N'A PAS DE PATTES?

RÉPONSE : ON NE L'APPELLE PAS, ON VA LE CHERCHER...

QUELLE EST LA DIFFÉRENCE ENTRE UN
CHAT ET UN GARÇON?

RÉPONSE : IL N'Y EN A PAS. LES DEUX
          ONT PEUR DE L'ASPIRATEUR.

QUELLE DIFFÉRENCE Y A-T-IL ENTRE UN
ENFANT QUI SE COINCE LE DOIGT DANS
UNE PORTE ET UNE SIRÈNE?

RÉPONSE : AUCUNE. LES DEUX CRIENT.

Un ouvrier australien a remis à la police une mallette contenant 50 000 $ en argent liquide, qu'il avait trouvée sur le siège d'un train. Cet argent aurait changé sa vie, mais il n'était pas à lui, alors... Aujourd'hui, il est une vedette à cause de son honnêteté!

Une étude publiée dans un magazine de sciences démontre que l'empreinte écologique d'un chien est comparable à celle d'un véhicule de type VUS.

- Docteur, je ne sais pas ce qui se passe, se lamente Gérard. Si j'appuie sur ma cuisse, ça me fait mal. Si j'appuie sur mon bras, ça me fait mal. Si j'appuie sur ma tête, ça me fait mal...

- C'est simple, Gérard, vous avez le doigt cassé!

Un policier arrête une femme qui vient de brûler un feu rouge avec sa voiture de sport rutilante.

- Vous n'avez pas vu le feu rouge? dit le policier.

- C'est vous que je n'ai pas vu!

Chaque année, près de Tokyo au Japon,
se tient un concours de creusage de trous.
En 2011, environ 1 000 personnes s'y sont
présentées, pelle en main. Chaque équipe avait
30 minutes pour creuser son trou. Les juges
tenaient compte de l'originalité, de la
profondeur, etc.

Une enseignante donne un test à ses élèves. Ils ont 10 minutes pour répondre à 20 questions de type vrai ou faux.

- Jean, range ta pièce de monnaie! Tu n'as pas le temps de jouer! C'est une évaluation!

- Mais madame, j'ai besoin de ma pièce pour répondre! Pile, c'est faux. Face, c'est vrai.

L'enseignante s'éloigne, découragée. Dix minutes plus tard...

- Posez votre crayon, le temps est écoulé... Jean, ARRÊTE de jouer avec ta pièce. Le temps est ÉCOULÉ!

- Mais madame, je dois vérifier mes réponses!

Mon premier supporte le véhicule
et lui permet d'avancer.

Mon deuxième est une syllabe
du mot patiner qui n'est pas
dans pavaner.

Mon troisième est là où les
oiseaux pondent leurs œufs.

Mon quatrième est parfois pollué,
mais tu le respires tout de même.

Mon tout se dit d'une tâche que
l'on fait par habitude.

Pour célébrer ses 35 ans, le rappeur Rick Ross avait promis une surprise à ses amis qu'il avait invités dans un club... Il est monté sur scène les bras chargés de billets de banque. Il s'est ensuite mis à les lancer dans la foule! Il a ainsi distribué un million de dollars!

Deux frères se disputent.

- Tête de cochon! dit l'un.

- Tu as mangé de la vache enragée ou quoi? réplique l'autre.

- Tu as peur de moi, poule mouillée!

- Et toi, tu brailles comme un veau...

- Eh! La FERME vous deux! crie la mè

À l'école, Jean, Luc et Pierre mangent toujours leur dîner ensemble.

- Encore de la pizza! Demain, si ma mère m'en donne une autre pointe, je la lance par la fenêtre! dit Jean.

- Moi, ma mère me donne toujours des pâtes froides! annonce Luc en ouvrant sa boîte à dîner. Je n'en peux plus de manger toujours la même chose!

- Moi, c'est toujours du pain à la confiture, dit Pierre. Ça me donne mal au cœur.

Le lendemain... Jean ouvre sa boîte à dîner, prend sa pointe de pizza et la jette par la fenêtre. Luc regarde ses pâtes et, sans hésiter, il les lance par la fenêtre.

Pierre prend sa boîte à dîner et la lance par la fenêtre sans même regarder ce qu'il y a dedans.

- Pourquoi l'as-tu jetée sans même regarder à l'intérieur? demande Luc.

- Je n'ai pas besoin de regarder! Ça fait trois ans que je me fais du pain à la confiture pour dîner...

QUELLE EST LA DIFFÉRENCE ENTRE
PIERRE, UNE CRAVATE ET UNE CEINTURE?

RÉPONSE : LA CRAVATE SERRE LE COU.
LA CEINTURE SERRE LA TAILLE.
PIERRE NE SERT À RIEN...

QUELLE EST LA DIFFÉRENCE ENTRE UNE
TOMATE ET MIREILLE?

RÉPONSE : LA TOMATE, ELLE, ATTEINDRA
UN JOUR LA MATURITÉ...

Mon premier est une note de musique.

Tu fais plusieurs de mon deuxième
lorsque tu fais de l'origami.

Mon troisième permet au bateau
d'accoster.

Mon tout est synonyme de riposter.

· ·

Mon premier est l'aliment de base
de plusieurs sociétés.

Mon second est la deuxième consonne
de l'alphabet.

En cuisine, mon tout signifie une
très petite quantité.

Lors des premières parties de hockey, les arbitres arrêtaient le jeu en faisant sonner une clochette et non en soufflant dans un sifflet...

Les sifflets existaient, mais comme ils
étaient en métal et qu'il faisait froid
dans les arénas, ils auraient collé
à la bouche des arbitres!

Mon premier permet de broyer les aliments.

Mon second est le nom de la planète bleue.

Mon tout concerne la bouche.

. . . .

Mon premier est une pièce de jeu à six faces.

Mon deuxième s'obtient en mélangeant du bleu et du jaune.

Mon troisième peut être accompagné d'une cédille pour l'adoucir...

Mon tout est synonyme de répandre.

Samuel a toujours réponse à tout...
Enfin presque.

- Comment met-on un éléphant dans le frigo en trois mouvements? lui demande Annie.

- C'est simple! On ouvre la porte du frigo, on y met l'éléphant, et on referme la porte! répond Samuel.

- Et comment met-on une girafe dans le frigo en quatre mouvements?

- Rien de plus facile! On ouvre la porte du frigo, on sort l'éléphant, on y met la girafe et on referme la porte!

- Le roi de la jungle organise une fête. Tous les animaux sont invités, mais un seul ne vient pas. Lequel?

- Comment veux-tu que je le sache! lance Samuel.

- Faciiiiile! s'écrie Annie. C'est la girafe parce qu'elle est coincée dans le frigo!

- Comme tu es beau! dit la lionne au lion.

- Arrête! Tu vas me faire rugir...

En ville, un jeune homme marche de long en large sur le trottoir en criant : « Je peux marcher! Je peux marcher! »

- C'est un miracle! dit une femme qui passe par là. Ne pouviez-vous pas marcher avant?

- Bien sûr, c'est que je viens de me faire voler ma bicyclette neuve et j'essaie de me convaincre que je peux marcher...

Un jeune homme va à la piscine.
Il a tellement envie de faire pipi qu'il
décide de ne plus se retenir...

- Qu'est-ce que vous faites? lance le
surveillant. Vous n'avez pas le droit de
faire ça! Partez immédiatement!

- Vous exagérez un peu... Je ne suis
certainement pas le seul à faire ça!

- Peut-être... Mais du haut du
tremplin, vous êtes le seul!

Maillots écolos! On fabrique aujourd'hui
des bikinis en peau de saumon!

Mon premier est une lettre de l'abréviation de kilogramme.

Mon second est un être imaginaire de sexe féminin.

Mon tout est une boisson.

• •

Mon premier tient la tête.

Mon second te permet de dormir confortablement.

Mon tout est une sauce qui accompagne un gâteau.

Entre deux vols, deux pilotes d'avion discutent.

- J'ai un amoureux. Il est nageur, dit l'une.

- Je croyais qu'il était parachutiste...

- Non. Celui-là, je l'ai laissé tomber...

Connaissez-vous l'histoire du Schtroumpf qui tombe et se fait un bleu?

Le lendemain de l'Halloween, Béatrice se promène à bicyclette, son panier rempli de bonbons.

— N'oublie pas de partager avec tes amis! lui lance sa mère.

La jeune fille se promène dans le quartier et, comme l'a demandé sa mère, elle offre des bonbons à tous les enfants qu'elle rencontre.

— Tu prends ce que tu veux! dit-elle à son amie Alice en posant sa bicyclette.

— Ce que je veux? Vraiment?

— Oui, répond Béatrice.

— Alors, je prends ta bicyclette! Saluuuuut!

En Amérique du Nord, les cordes à linge
étaient interdites dans plusieurs villes,
tout simplement parce qu'elles n'étaient
pas jolies... Dans le but d'économiser
de l'énergie, plusieurs municipalités ont
décidé de changer leurs règlements - on
encourage maintenant les citoyens à
faire sécher leurs vêtements dehors.
Qui a dit que ce n'était pas joli?

Une femme rend visite à son médecin.

- Ma petite fille de 4 ans met des heures à s'endormir! Pourtant, je lui chante toujours des chansons...

- Que lui chantez-vous? demande le médecin.

- Les seules chansons que je connaisse sont des chansons à répondre...

Deux femmes entrent dans un restaurant.

- Vous servez des nouilles ici?
- On sert tout le monde ici, madame, même les nouilles!

Après l'école, un garçon raconte à ses parents :

- Tous mes amis ont été punis!
- Et toi, tu ne l'as pas été?
- Non! Moi, j'ai été renvoyé.

Avec environ 25 bouteilles de plastique
recyclées, on peut fabriquer une veste
en tissu molletonné.

VRAI OU FOU?

1- De la gabardine est un plat composé de poissons et de fruits de mer.

2- Rabibocher veut dire réparer temporairement.

3- Un animal hétérodonte a des dents de formes différentes pour diverses fonctions.

Certains poissons peuvent changer de sexe au cours de leur vie. Chez les poissons-clowns, par exemple, c'est la mère qui fait la loi. Si elle vient à disparaître, le père devient la maman... et le papa est remplacé par un autre membre de la famille...

71

- Qu'est-ce qui provoque la transpiration? demande l'enseignant de biologie à ses élèves.

- Vos questions, monsieur, lance Arthur.

QUEL EST L'ANIMAL QUI COURT LE PLUS VITE?

RÉPONSE : LE POU ÉVIDEMMENT! IL EST TOUJOURS EN TÊTE!

- Maman, maman! Le piano s'est effondré! lance Geneviève.

- Ton père sera blessé quand il l'apprendra...

- Blessé... Pour ça oui! Il est coincé en dessous!

- Docteur, j'ai besoin d'aide. J'ai toujours une faim de loup. Je bois du lait comme un veau. Je transpire comme un porc. Je suis fort comme un ours, mais je me comporte comme une poule mouillée...

- Permettez-moi de vous arrêter et de vous faire une suggestion. Vous êtes ici chez le médecin. Je crois qu'il vous faut voir un vétérinaire...

Les jeunes de 5 à 17 ans devraient
faire quotidiennement au moins
60 minutes d'activité physique
modérée à vigoureuse. On dit que les
jeunes consacrent près de 9 heures
par jour à des activités sédentaires...

Mon premier est un cube servant à jouer.

Mon deuxième est synonyme de mise.

Mon troisième ne dit pas la vérité.

Mon tout se dit à la météo pour annoncer le retour du beau temps.

Après avoir glissé sur la neige tout l'après-midi, Justine est rayonnante, mais son petit frère est d'humeur maussade.

- J'espère que tu as prêté la luge à ton frère, dit sa mère.

- Bien sûr, maman. C'était égal. Moi, je la prenais pour descendre et lui pour monter...

Mon premier est le contraire de mince en parlant d'une personne.

Mon second vit au couvent.

Mon tout est synonyme de taille.

. . . .

Mon premier se dit d'un oiseau bavard.

Mon second est la 5e consonne de l'alphabet.

Mon tout signifie prendre au hasard (une carte par exemple).

Dans les années 30, le joueur des Maple Leafs, King Clancy, a marqué l'histoire du hockey à sa façon... Lorsque le joueur Eddie Shore a laissé tomber ses gants pour se battre, Clancy a lui aussi enlevé ses gants, mais pour lui serrer la main! Shore a éclaté de rire et il n'y a pas eu de bagarre!

On fait faire mon premier à un bébé après son boire.

Mon deuxième est le contraire de laid.

Mon troisième est un des deux bruits que fait l'horloge.

Mon tout est une science.

- Si je dis « je suis jolie », est-ce que c'est le présent, le passé ou le futur? demande une enseignante à ses élèves.

- Ce n'est certainement pas le présent et je ne vois pas comment les choses pourraient s'améliorer dans le futur. Alors, vous parlez sans aucun doute du passé, déduit Léon.

Un homme décide de faire une excursion dans la forêt amazonienne. Il engage un guide qui connaît bien les dangers d'une telle aventure…

- Dites-moi, mon ami, y a-t-il encore des cannibales ici? lui demande-t-il avant de s'enfoncer dans la forêt.

- Il n'y a rien à craindre, monsieur. J'ai mangé le dernier la semaine dernière…

Un jour de mars 1848, la population de Niagara Falls a constaté avec étonnement qu'il n'y avait plus d'eau dans les chutes. Un embâcle de glace s'était formé, bloquant l'eau et asséchant les chutes. Certains en ont profité pour explorer les lieux...

QUEL EST LE COMBLE POUR UN CUISINIER?

RÉPONSE : C'EST D'EN AVOIR RAS-LE-BOL.

QU'EST-CE QUI EST ROUGE AVEC UNE CAPE?

RÉPONSE : UNE SUPER TOMATE.

QU'EST-CE QUI EST VERT AVEC UNE CAPE?

RÉPONSE : UN CONCOMBRE QUI SE PREND POUR UNE SUPER TOMATE.

Dur d'être un cambrioleur... Aux États-Unis, les policiers de l'État du Maryland n'ont eu aucun mal à retracer un homme qui venait de cambrioler une résidence. Il avait laissé son téléphone cellulaire sur les lieux du vol!

QUEL EST LE COMBLE POUR UN
GASTROENTÉROLOGUE?

RÉPONSE : C'EST D'AVOIR L'ESTOMAC
DANS LES TALONS.

QUEL EST LE COMBLE POUR UNE
SARDINE?

RÉPONSE : C'EST D'ÊTRE MISE EN BOÎTE.

Lors des jeux Olympiques,
au temps de la Grèce antique,
les lutteurs s'enduisaient le corps
d'huile d'olive avant un combat.

Lorsque les femmes jouaient au hockey à la fin des années 1800, elles devaient porter une jupe longue... Parfois, la rondelle disparaissait...

Mon premier est un personnage imaginaire féminin qui fait de la magie.

Mon deuxième est une syllabe de brisure qui est aussi dans débris.

Mon troisième est là où tu dors.

Mon quatrième est une boisson chaude qui peut aussi être servie glacée.

Mon tout est synonyme de nervosité.

En février 2011, un Allemand a remporté pour la 6e fois de suite une course annuelle dont l'objectif était de gravir les 1 576 marches – 86 étages – de l'Empire State Building. Quatre cents personnes se sont précipitées dans l'étroite cage d'escalier sans fenêtres et peinte en gris. Le gagnant a réussi l'exploit en 10 minutes 10 secondes!

La famille Lebel prend l'avion pour aller en France. Juste avant le décollage, la mère donne des jujubes à sa fille.

- Ça t'évitera d'avoir mal aux oreilles, dit-elle.

Quelques minutes plus tard...

- Maman, c'est super efficace ton truc de jujubes, mais je n'entends rien! Peux-tu m'aider à retirer les jujubes de mes oreilles?

Les ours bruns peuvent pêcher une quinzaine de saumons par jour!

POURQUOI DIT-ON QUE LA TÉLÉVISION
CONTRÔLE LA VIE DES GENS?

RÉPONSE : LA TÉLÉCOMMANDE.

QUEL EST LE LÉGUME QUE LES ACTEURS
DE CINÉMA DÉTESTENT LE PLUS?

RÉPONSE : LE NAVET.

Luc revient à la maison après sa première journée d'école.

- As-tu appris quelque chose de nouveau aujourd'hui? lui demande son père.

- Il faut croire que non. On m'a dit qu'il fallait que j'y retourne demain...

COMMENT APPELLE-T-ON UN HIPPOPOTAME QUI FAIT DU CAMPING?

RÉPONSE : UN HIPPOCAMPE.

Autrefois, un hamburger était
fait avec une boulette de viande.
Aujourd'hui, dans certaines chaînes de
restauration rapide, on en met souvent
deux ou trois et parfois même quatre!
Résultat : assez de viande pour deux
jours dans un seul repas!

Depuis quelques décennies, nos portions de nourriture ont augmenté, voire doublé! Et nous bougeons de moins en moins...

Mon premier est la cinquième voyelle de l'alphabet.

Mon deuxième est l'endroit où l'oiseau pond ses œufs.

C'est grâce à l'ouïe qu'on peut entendre mon troisième.

Mon tout signifie d'une même voix, ensemble.

QU'EST-CE QUI PEUT TOURNER SANS BOUGER?

BOUGER?

REPONSE : LA CRÈME...

Une momie égyptienne de plus de 2 000 ans est maintenant célèbre grâce à son gros orteil (ou plutôt celui qu'elle n'avait pas de son vivant). Un gros orteil artificiel, fabriqué avec du bois et du cuir, était attaché à son pied droit. Il faut dire que les gros orteils sont très utiles pour marcher et courir...

ENFIN UN YOGOURT AUX CHAMPIGNONS ET BROCOLIS!

SANS SUCRE!

En 1960, les Canadiens consommaient en moyenne deux cuillères à soupe de yogourt annuellement. Cinquante ans plus tard, ils en avalent en moyenne 5,5 litres par année! Il y en a pour tous les goûts : avec probiotiques ou prébiotiques, de style grec ou islandais, à boire, brassés aux fruits ou avec fruits au fond, allégés ou non, sucrés ou non... Essayez de vous y retrouver!

Mon premier peut être beau ou
mauvais et survient durant ton sommeil.

Mon deuxième est la première
voyelle de l'alphabet.

Mon troisième est la deuxième
consonne de l'alphabet.

Mon tout se produit quand tu es
dans la lune...

Mon premier peut être roulé,
rond ou en V.

Mon deuxième permet de faire
flotter un drapeau bien haut.

Mon troisième est une syllabe
du mot téléphone qui est aussi
dans le mot raconté.

Mon tout est l'action de
boucher un trou.

Jérémie et Maxime sont sagement assis en classe.

- Pssst! Maxime, tu sais bien que tu n'as pas le droit de porter ta casquette en classe! dit Jérémie.

- Tu devrais savoir que ce n'est pas MA casquette, répond Maxime. C'est celle de mon frère…

Camille
Ottawa, Ontario

Tes chaussures de sport sont trop vieilles (et trop puantes)? Aux États-Unis et à Vancouver, il est possible de recycler ses vieilles chaussures! Elles serviront notamment à fabriquer des surfaces synthétiques pour les terrains de tennis et les parcs d'attractions pour enfants.

Géraldine se rend à la pizzeria pour acheter une pizza.

- Votre pizza, je vous la coupe en quatre ou en huit pointes?

- En quatre, s'il vous plaît. Je n'ai pas assez faim pour en manger huit...

Il y a plus de cinq cuillerées à thé de sucre dans une petite canette de boisson gazeuse… Si tu en bois une par jour, à la fin de l'année tu auras avalé plus de 9 kg de sucre! Et si tu accompagnes ta boisson gazeuse d'un morceau de chocolat… Arrête de compter et commence à faire de l'exercice!

Un électricien demande à son apprenti :

- Peux-tu tenir un de ces deux fils, s'il te plaît?

- Lequel? demande l'apprenti.

- Ça n'a pas d'importance! Tiens-en un...

- J'en ai un! dit l'apprenti.

- Surtout, ne touche pas à l'autre fil! Il transporte du 220 volts!

Qu'est-ce qu'une framboise?
Réponse : C'est un bleuet qui s'est
fait attaquer par des abeilles!

Sara
Ottawa, Ontario

Annie demande à son ami Antoine de lui donner un morceau de chocolat.

- S'il te plaît, Antoine, juste un petit morceau...

- Non, répond Antoine.

- C'est injuste! Tu ne veux jamais partager!

- Faux! L'an dernier, je t'ai donné la varicelle...

QUEL EST LE COMBLE DU ZÈLE POUR UN MÉDECIN?

RÉPONSE : EXAMINER SON CRAYON POUR VOIR S'IL A BONNE MINE...

Fais-nous rire!

Envoie-nous ta meilleure blague.
Qui sait? Elle pourrait être publiée dans
un prochain numéro des
100 BLAGUES! ET PLUS...

100 Blagues! et plus...
Éditions Scholastic
604, rue King Ouest
Toronto (Ontario)
M5V 1E1

Au plaisir de te lire!

Nous nous réservons le droit de réviser,
de modifier, de publier ou d'utiliser
les blagues à d'autres fins, dont la promotion,
sans autre avis ou compensation.

Solutions

CHARADES

VRAI OU FOU?

Page 19

1- Fou. C'est une personne qui voit mal.

2- Fou. C'est un apprenti boulanger.

3- Fou. C'est une personne turbulente.

Page 70

1- Fou. C'est un tissu.

2- Vrai.

3- Vrai.